AF268230

NEUVIÈME LETTRE

D'ICILIUS.

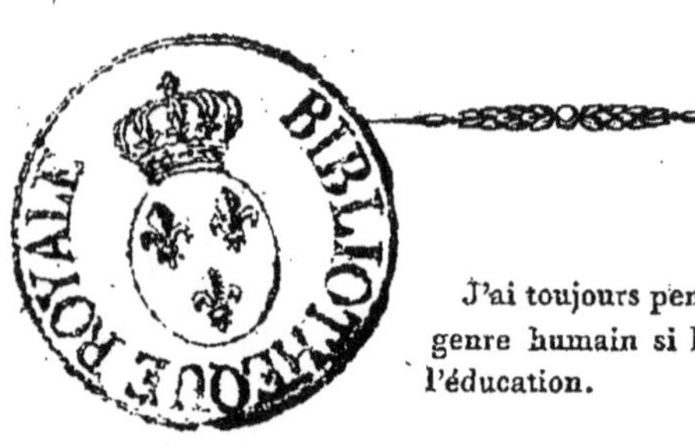

J'ai toujours pensé que l'on reformerait le genre humain si l'on parvenait à reformer l'éducation.

LEIBNITZ.

L'homme vertueux a besoin de lumières pour connaître ses devoirs et de courage pour les remplir; ainsi dans l'ordre moral, l'étendue de l'intelligence et l'énergie de la volonté composent la puissance de l'homme.

L'instruction doit accroître la première de ces facultés, l'éducation doit augmenter la seconde.

Mais l'instruction et l'éducation doivent marcher de concert au but et se prêter dans la route un mutuel appui.

En France on a songé trop peu à donner de la force au caractère, on n'a pas cru qu'il fallût développer les forces morales en même temps qu'on développait les forces intellectuelles; tous les soins ont eu pour objet la culture de l'esprit, l'accroissement des connaissances et le progrès des lumières; l'instruction a occupé seule dans

IXe Lettre.

notre estime une place qu'elle devait partager. Nous n'avons ambitionné que les talens qui mènent à la fortune, nous avons compté pour rien la force de caractère qui promet la vertu.

Nulle part autant d'académies ne sont ouvertes aux amis des sciences, dans aucune autre contrée le flambeau de la philosophie ne répand une lumière plus éclatante, la littérature et l'éloquence ont partout des interprètes, à l'étude de la poésie comme à celle des langues anciennes et modernes se joint l'étude des lois et de l'histoire, partout des encouragemens sont prodigués à l'érudition, partout de nobles récompenses attendent les succès littéraires; la France, qui a du moins gardé l'empire du génie, a des prix pour tous ses triomphes et des palmes pour toutes ses gloires. Aussi la France est-elle la patrie des talens et le foyer des lumières; toutes les nations de l'Europe rendent hommage au mérite de ses savans, ses livres sont partout admirés, l'instruction de ses magistrats nulle part n'est révoquée en doute, le talent de ses guerriers est aussi connu que leur bravoure, l'habileté de nos gens en place n'est contestée par personne, et les discours des chambres annoncent tout l'esprit de ceux qui les prononcent ou du moins de ceux qui les composent.

Mais qu'a-t-elle fait, cette noble France, pour

donner de la dignité au caractère? qu'a-t-elle fait dans l'intérêt de l'éducation proprement dite? demande-t-elle à ses colléges quels sont les meilleurs ou quels sont les premiers de leurs élèves? où sont les prix qu'elle offre aux âmes généreuses? que sont à ses yeux la force d'âme, la dignité et l'énergie de caractère, sinon des qualités d'un autre âge, et dont nous avons seulement entendu parler?

Les Perses avaient dans leurs gymnases des maîtres de justice, des maîtres de tempérance et de courage; la France a dans les siens des maîtres de poésie, d'éloquence et de chimie, dont la tâche est achevée quand ils ont formé des gens instruits ou qui croient l'être.

Aussi tout nous révèle la dégradation des caractères; l'absence de culture et d'exercice a comme suspendu le développement de nos forces morales, et notre âme a perdu son antique énergie; on voit bien encore parmi nous de l'agitation, du mouvement, des projets, mais il n'y a plus ni constance dans les résolutions, ni durée dans les efforts. Au mérite des grandes vertus nous avons préféré la gloire des belles paroles. Où sont parmi nous ces âmes fortes qui ont la puissance des œuvres? Où sont dans les places les hommes d'une seule foi et d'une seule doctrine? Malgré nos efforts pour cacher sous des noms spécieux ces indignes faiblesses, à travers ce voile inutile apparaissent toutes nos misères.

A quelle cause faut-il attribuer les malheurs de la France, sinon à cette faiblesse de caractère que nous déplorons? La France a été une victime résignée, ses maux ne lui ont arraché que des soupirs et des gémissemens; à la vue des crimes commis en son nom, elle n'a su que répandre des larmes.

Ceux-là même qui devaient au pays l'exemple de la fermeté ont été faibles; ils avaient de l'instruction, du savoir et des lumières, mais il leur manquait une qualité sans laquelle toutes les autres sont inutiles; ces hommes si savans, ces hommes si spirituels ont enduré tous les outrages, souri à tous les crimes et voté pour tous les pouvoirs; voilà les coupables qu'il nous est permis d'interroger sur nos malheurs, et qui nous doivent compte du sang répandu. Martyrs de la liberté, de la royauté et de la religion, voilà nos meurtriers.

Aux hommes ainsi qu'aux nations, il faut donc autre chose que du savoir; ni la science du magistrat, ni le courage du guerrier, ni l'éloquence de l'orateur, ni l'habileté de l'homme d'état, n'ont toute leur influence sans la fermeté du caractère qui est le tout de l'homme, qui est l'homme même.

Hommes ou nations, tout ce qui a été grand dans le monde, l'a été par son caractère : le caractère a élevé au-dessus des autres guerriers de la Grèce les Epaminondas et les Phocion; le caractère a tiré de la foule des braves Romains les Régulus et les Caton. Charlemagne en France, Alfred en Angleterre, Gustave en Suède, Pierre-le-Grand en Moscovie, ont fait par leur caractère la grandeur de leur patrie, tandis que les rois débonnaires ont perdu la leur en se perdant eux-mêmes. Pourquoi les Molé, les L'Hôpital ont-ils laissé derrière eux et à de si longues distances, les magistrats qui n'étaient que probes et éclairés, sinon parce qu'ils avaient cette force de caractère qui fatigue, épuise et abat les résistances? Là est la force de l'homme, là est le point d'appui que demandait Archimède pour soulever le monde; voilà ce qui promet aux nations la liberté, le bonheur et la gloire. Or, s'il est vrai que l'énergie du caractère dépende surtout de sa moralité, que ceux-là seuls marchent d'un pas ferme qui s'appuient sur la vertu, et qu'il n'y ait enfin d'hommes sans peur que ceux qui sont sans reproche. Il faut avouer que pour être forte l'éducation doit être morale, et qu'elle fait dans l'intérêt du caractère tout ce qu'elle fait dans l'intérêt de la vertu.

De l'Université.

L'EUROPÉEN.

N'êtes-vous jamais surpris dans vos campemens?

LE SAUVAGE.

Très-souvent.

L'EUROPÉEN.

Ne feriez-vous pas mieux de poser des sentinelles?

LE SAUVAGE, se retournant pour dormir.

Cela serait fort bien.

(CHATEAUBRIANT.)

Il en coûte beaucoup de temps et d'ennui aux autres, pour qu'on dise : Voilà un homme bien savant! Contentons-nous d'un titre moins élevé, et qu'on dise de nous : Voilà un homme de bien!

(MARC-AURÈLE.)

L'université paraît n'attacher qu'une importance médiocre aux qualités du caractère, si supérieures à celles de l'esprit : occupée de l'enseignement des lettres, et non de la pratique des devoirs, elle influe sur l'intelligence de ses élèves, et peu sur leur conduite morale. Elle a son plan régulier d'études littéraires et scientifiques, mais ses moyens de former les habitudes et le caractère ne sont pas réunis en système : elle instruit et n'élève pas ; elle donne aux enfans l'instruction et non l'éducation.

Examinez le fond des choses, étudiez successivement l'organisation de l'université, ses règlemens, son personnel, ses choix, son action et sa surveillance, et vous partagerez notre opinion.

Son ministre a son pouvoir et ses attributions
déterminées; ses conseillers, ses inspecteurs gé-
néraux et particuliers; ses recteurs, ses proviseurs,
ses censeurs ont une autorité que des lois et des
ordonnances ont réglée.

Elle a soumis sa comptabilité à des formes cer-
taines; elle a son budget, ses revenus et ses dé-
penses, où règne un ordre admirable. Les plus
minutieuses précautions assurent la bonne ges-
tion des proviseurs et des économes.

Son enseignement littéraire et scientifique n'est
pas organisé avec un moindre soin : elle a dans
chaque ville, suivant leur importance, ou des
académies, ou des colléges royaux, ou des colléges communaux; elle a fixé quels sont, dans
ces établissemens, le nombre et l'objet des cours;
elle a partout assigné à chaque professeur la méthode, et les livres dont il doit faire usage; sa
prudence a tout embrassé, tout prévu.

En matière d'enseignement, l'université ne s'en
rapporte point à ses professeurs; elle indique au
vieillard qui a blanchi dans sa chaire de rhétorique le nombre de versions grecques qu'il doit
donner par semaine, le jour et l'heure où il doit
corriger les vers. On a peine à imaginer jusqu'où
va sa défiance; mais sans leur donner ni plan,
ni instructions, ni méthode, elle confie hardi-
ment l'éducation morale de la jeunesse à ceux

de ses fonctionnaires qu'elle connaît le moins, et qui débutent dans la carrière.

Un même esprit a dicté les règlemens qui concernent l'enseignement, et ceux qui concernent la discipline.

L'ordre se maintient dans les colléges beaucoup moins au profit des progrès moraux de la jeunesse, qu'au profit de ses études littéraires. C'est surtout comme obstacles au travail que les fautes y sont réprimées et punies ; les fautes graves sont celles qui compromettent le repos et l'autorité des maîtres : ce sont les moqueries, les impertinences et le tapage ; mais l'ingratitude, la bassesse du cœur, la gloutonnerie, la lâcheté, sont des vices qu'on laisse assez souvent paisibles. Là comme ailleurs, les chefs trouvent que tout va bien dans leur empire, quand on n'y fait pas de bruit.

Mais quant aux moyens d'exercer une influence heureuse sur les mœurs, sur les habitudes et sur les caractères, l'université n'a rien que de vague; seulement, au milieu de ses huit volumes de règlemens on trouve épars, à de longues distances, quelques dispositions relatives à l'assistance aux offices, à la récitation des prières, à l'enseignement du catéchisme, dans les colléges royaux (1).

____

(1) Articles 4, 8, 9, 10, 11, 12, 18, 22, 23, 24, 28, 39, 103, 110, 146, 147, 148, 149, 150, du règl. du 4 sept. 1811.

Mais ces dispositions isolées, et qui n'ont pas entre elles de rapports visibles, ne sont ni un plan ni un système, mais une preuve évidente, complète et sans réplique, qu'il n'y a point d'éducation dans les colléges.

L'Université, qui tant de fois a réformé son organisation, ses règlemens, son personnel, et ses plans d'étude, n'a jamais songé à l'éducation. Amie exclusive des sciences sous Fourcroy ; elle a sous Fontanes encouragé les lettres ; un autre grand-maître lui fit sentir l'importance des études historiques ; un troisième s'occupa de placer entre les mains des ecclésiastiques le gouvernement des colléges; le ministre actuel accorde son intérêt à l'instruction primaire : aucun de ces chefs n'a mis sa gloire à reformer l'éducation!

La récente ordonnance qui a voulu pourvoir aux besoins les plus pressans de l'Université n'a donné aucune attention à celui qui nous occupe; il tardait à son auteur de fixer sur-le-champ le nombre des chaires de droit, de médecine; d'ôter aux recteurs la nomination des professeurs, de soumettre la comptabilité des colléges à l'examen de la cour des comptes, d'affranchir les écoles industrielles de l'obligation de fréquenter les colléges, etc. Mais il a cru que le reste était moins pressant, ou bien à la vue de l'état actuel des choses, il s'est dit à lui-même : Ce qu'ils ont fait est bon.

On dirait que l'Université se condamne elle-même à n'être qu'un corps enseignant.

Si l'Université eût ambitionné la gloire d'élever la jeunesse, elle eût soumis l'éducation au monopole, comme elle y a soumis l'instruction ; elle eût voulu surveiller tous les pensionnats comme elle surveille toutes les classes ; elle eût fait, pour hâter les progrès moraux de la jeunesse, ce qu'elle a fait jusqu'à présent pour hâter les progrès de ses connaissances.

Mais il n'en est pas ainsi.

L'Université, qui tient l'enseignement asservi, affranchit l'éducation morale; au régime intérieur des colléges royaux et communaux, les familles peuvent préférer celui des pensions et institutions particulières. Ce qui est capital aux yeux de l'Université, c'est d'assister à ses cours de grec et de latin. Sa grande affaire est de former des savans : occupée presque uniquement de l'étude des sciences et des lettres, qui sont tout pour elle, elle renonce à former les mœurs, les habitudes et le caractère, c'est-à-dire à former des gens de bien.

Cette absence de toute vue morale qui accuse les règlemens, accuse aussi les choix de l'Université; les choix des inspecteurs et des conseillers sont presque toujours faits dans le seul intérêt dess ciences ; qu'un homme ait tour à tour voté la république, l'empire et la légitimité, qu'il ait arboré toutes les couleurs, adoré toutes les idoles, il n'importe, on ne lui demande point s'il est homme de caractère, mais s'il est homme d'un beau talent. J'avoue qu'il y a sagesse à vouloir des savans dans le conseil de l'instruction publique; je conviens qu'il y aurait péril à faire de la vertu même la condition unique des choix universitaires; les deux conditions de savoir et de vertu doivent être remplies, cela est sûr; mais enfin s'il fallait opter, l'Université devrait plus d'indulgence à l'homme de bien qui sait mal le grec et le latin, qu'au savant illustre qui la déshonore par son misérable caractère.

Les choix qui ne sont pas faits dans l'intérêt des sciences sont faits dans l'intérêt de la régie universitaire. L'habile administrateur est l'homme qui obtient sans peine une place, du crédit, et des éloges; un proviseur admirable est celui qui fait des bonis.

Il se peut qu'un jour, pour l'homme obscur qui forme en silence des enfans vertueux, l'Université ait des honneurs, des croix et des éloges. La chose est possible, et j'aime à l'espérer; mais alors elle aura beaucoup changé.

Que l'Université ne dise pas qu'elle a des proviseurs, des surveillans, des maîtres de quartier et de pension auxquels est commise l'éducation morale de la jeunesse.

Nous avons dit dans quelle vue étaient choisis les proviseurs.

Les maîtres d'étude des colléges royaux choisis et révoqués au gré de l'administration, réprimandés et payés comme les ouvriers d'un maître, sont ainsi désignés par les dédains de l'Université aux dédains des parens et des élèves ; le rang où ils sont relégués dans la hiérarchie universitaire, la manière dont on les traite, annonce assez que leurs fonctions toutes morales sont jugées les dernières de toutes.

Quant aux maîtres subalternes des pensions, dont le travail est sans gloire, mais qui sont pourtant les vrais instituteurs de la jeunesse qu'ils ne quittent jamais, l'Université n'a pas daigné s'en occuper ; elle n'a pris contre leurs vices et contre leur ignorance aucune précaution.

L'université, dans le seul intérêt des études, impose à ses professeurs des obligations rigoureuses ; avant de recevoir les grades de bachelier, de licencié, et de docteur, ou le diplôme d'aggrégé, ceux-ci doivent subir des examens sévères, et qui ont effrayé bien des proviseurs ; mais le brevet de maître de pension s'obtient à peu près comme une patente de restaurateur.

L'Université, qui donne au moins une ombre d'indépendance à ses professeurs, n'en donne aucune aux maîtres de quartier ; comme à ses yeux l'étude est l'affaire essentielle, elle annoblit par la liberté les fonctions de ceux qui enseignent; les professeurs tiennent des règlemens une existence honorable, qui est le gage de leurs succès; mais les maîtres de quartier, traités comme des Parias, subissent tout entier le despotisme administratif; la misère et la servitude sont, pour ceux qui exercent auprès de la jeunesse, une espèce de sacerdoce.

Lisez le code de l'Université, étudiez sa conduite et sa hiérarchie, vous reconnaîtrez qu'il y a le ciel et la terre entre le malheureux qui ne surveille que la partie morale, et l'habile mortel qui surveille la caisse d'un collége.

Ce principe a eu ses conséquences. Les succès moraux d'un collége lui servent moins que ses succès littéraires : l'Université apprend elle-même aux familles à placer la science au-dessus de la vertu, en décernant à l'une le prix qu'elle refuse à l'autre.

Qui doit l'emporter du collége Bourbon ou du collége Stanislas? Tous deux ont d'habiles maîtres, et leurs méthodes sont les mêmes. Il n'y a qu'à compter : l'un a remporté douze prix au dernier concours, et l'autre à peine en a obtenu moitié. La chose est claire, c'est à ce dernier de céder ; et le père de famille est aveugle, qui lui confie l'éducation de son enfant.

L'esprit de l'Université est devenu celui de ses membres; c'est surtout aux succès littéraires que tendent les efforts des censeurs, des professeurs et des chefs d'institution; ce qu'on prise avant tout, ce sont les prix : l'enfant qu'on admire, l'enfant qui est la gloire d'un collége et la fortune d'un pensionnat, c'est un lauréat du concours.

Il est si vrai que toute l'attention de l'Université se concentre sur les études, que l'examen, fait tous les ans dans les colléges, est un examen scientifique et littéraire; les inspecteurs ne viennent dans les classes, ne s'y occupent que de grec, de latin, ou de mathématiques, et ne s'enquièrent que vaguement des progrès moraux de la jeunesse.

Aussi quand ces derniers, au sortir des colléges, se présentent comme candidats pour les écoles Polytechnique, de St.-Cyr, d'Angoulême, et de la Flèche, ils ne sont rigoureusement soumis qu'à des épreuves scientifiques : on sait bien qu'auprès de l'Université ils n'ont pu que faire des études.

Parce que tu es né de parens nobles, tu es si fier de ta noblesse, que tu ne cesses d'en parler; mais quoi! tu as Dieu pour père, et tu oublies cette noblesse !

(Épictète.)

L'instruction n'y est pas même donnée au profit de l'éducation, et les études ne sont pas for-

cément les auxiliaires de la morale : l'enseignement, qui pouvait servir à deux fins, n'a qu'un
but littéraire ou scientifique ; aucun soin n'est
pris pour que des leçons de latin soient aussi
des leçons de vertu, et pour qu'on apprenne à
la fois les règles du bien-vivre et les règles du
langage.

On trouve, il est vrai, dans les auteurs clas-
siques, une foule de pensées morales, mais ces
pensées isolées ne forment pas un système uni-
versel et complet : elles sont mêlées à d'autres
pensées qui leur sont étrangères ; elles sont une
instruction épisodique où des erreurs comme
des omissions sont inévitables, qui se donne au
hasard sans plan, sans suite, et qui par consé-
quent manque de force.

Le tableau de la morale est celui des devoirs :
il comprend nos devoirs envers Dieu, envers nos
parens, nos amis, notre patrie, nos supérieurs,
envers les pauvres, les étrangers, les vieil-
lards, etc.

L'enseignement des devoirs, comme celui des
lettres, était donc susceptible de partage ; chaque
classe pouvait avoir son contingent d'instruction
morale : aux classes des commençans on pouvait
assigner l'étude des devoirs les plus simples, la
piété filiale, le respect dû à la vieillesse ; les enfans d'un âge plus avancé pouvaient s'instruire

des obligations imposées par l'amitié, des droits sacrés du malheur, etc. ; plus tard ils auraient reçu des leçons de justice, de courage, de tempérance et de patriotisme.

C'est dans cette vue morale que l'Université pouvait choisir ses auteurs latins, rédiger les extraits qu'elle en donne à traduire, faire composer ses thêmes et choisir ses sujets de composition oratoire.

Assigner de préférence à chaque classe des morceaux du *Selectœ*, de Stobée, des traités de l'amitié et des devoirs, des dialogues de Platon, était chose possible : on n'avait à changer ni la méthode ni la marche habituelle des classes ; il s'agissait uniquement de faire entrer l'étude des devoirs dans le plan des autres études, et d'en former un cours régulier.

Ainsi, au lieu de prescrire en masse l'étude des évangiles, pourquoi ne pas réunir sous des titres communs les pensées et les paraboles qui, dans les livres saints, ont un objet commun, et auxquelles ce rapprochement eût donné une clarté comme une force nouvelle? Ces extraits seraient d'admirables traités de toutes les vertus, qu'on pourrait partager entre les diverses classes, et qui permettraient aux élèves de comparer la morale des anciens philosophes à la morale si supérieure du christianisme.

Le vague des règlemens sur l'instruction religieuse permet souvent à l'aumônier de donner la même à des élèves de force différente, de substituer aux conférences recommandées d'anciens sermons de paroisse; et comme ce fonctionnaire n'a guère d'ailleurs à redouter ni l'inspection universitaire, ni les visites épiscopales, il n'a pour surveillant réel que le proviseur, dont il peut facilement décliner la compétence.

C'est en vain que nous avons cherché dans les règlemens universitaires les dispositions qui concernent l'instruction religieuse des pensions et des institutions; il n'y a, pour garantir la force et la pureté de cette instruction, ni règlemens, ni inspection, ni examen; il a paru bon à l'Université de s'en rapporter à la piété de ces maisons de commerce.

Au lieu de réparer le mal, le ministre actuel l'a rendu plus grave : les élèves des pensions qui fréquentaient les colléges y puisaient du moins quelques principes de religion; mais, grâce à la vocation industrielle qu'on lui suppose, la moitié d'entre eux va perdre ce précieux avantage. L'Université, qui dans son sein pouvait ouvrir ces écoles et ces cours d'industrie, laisse fonder ces établissemens au dehors, sans rien stipuler dans l'intérêt de l'éducation morale de la jeunesse qui les fréquentent.

Il faut le déclarer, l'Université n'a aucun plan

d'études religieuses ; son enseignement le plus faible est celui des vérités les plus importantes ; ses leçons de géométrie sont beaucoup meilleures que ses leçons de morale ; aucun moyen assez puissant n'est pris dans les colléges pour donner aux croyances cette énergique fermeté qui fait les grands caractères ; on y a oublié que la foi seule avait la puissance des œuvres, et que pour remplir ses devoirs il fallait d'abord y croire.

L'illustre auteur des Conférences et le digne magistrat qui secondait ses vues ambitionnaient la gloire de réparer une omission aussi funeste ; ce qu'ils méditaient, puisse un autre l'accomplir ! sa position est meilleure, et force n'est point à lui de consulter, sur la reforme de l'Université, ceux-là même qui l'ont rendue nécessaire.

Il faut commencer par la pratique des vertus,
l'action doit précéder la contemplation.
(PYTHAGORE.)

En même temps qu'elle apprend ses devoirs, la jeunesse universitaire doit les remplir ; elle a besoin de pratiquer les vertus qu'elle étudie, de traduire ses idées en actions ; cet essai du bien lui en donne l'amour ; il est d'ailleurs un engagement qu'on lui fait prendre avec elle-même : c'est ainsi qu'on fortifie la vertu de toute la force des croyances et des habitudes.

Il est peu de vertus qui ne soient praticables

même au collége, car les enfans sont déjà des hommes : la petite société où ils s'élèvent est l'image de la grande société qui les attend ; les occasions de pratiquer l'humanité, la justice, la tempérance, etc., sont fréquentes parmi eux, et d'habiles mentors peuvent les multiplier.

Si nous voulions les imiter, les succès des anciens seraient le présage des nôtres qu'ils ont rendus plus faciles.

Ces belles vertus que nous voulons donner à la jeunesse ont déjà brillé sur la terre ; l'énergie du caractère a été le partage de beaucoup d'hommes ; des nations entières ont été fortes : ce qui donnait la constance aux Spartiates, aux Romains, peut la donner aux enfans des Gaules ; le secret de l'éducation des Germains est connu, et nous pouvons en faire usage.

Examinons séparément les principales vertus.

Au lieu de confier son aumône à son maître, que l'enfant la porte lui-même au réduit du pauvre ; qu'il voie le prisonnier étendu sur une paille humide, qu'il entende les cris des petits enfans qui demandent du pain, autour du cercueil de leur mère, et qu'il retourne ensuite au collége pour y raconter ces scènes de désolations. Faites de ces visites une récompense, une diversion à l'étude, un motif d'émulation ; les thêmes ou les versions de vos petits aumôniers pourront en souffrir, mais leur cœur y gagnera, et, arrivés au soir sans avoir tenu de dictionnaires, ils n'auront point perdu leur journée.

J'ai souvent pensé qu'il suffirait à chaque élève des hautes classes de se faire huit ou dix fois par an maître d'école, pour donner à des milliers d'enfans pauvres la première instruction. Une fois le local établi près du collége, il n'en coûterait ni temps, ni soin, ni argent; le seul sacrifice serait celui de quelques récréations, à de longs intervalles; encore le bienfait servirait-il au bienfaiteur, qu'il exercerait à la patience. J'aimerais à voir l'enfant du riche exercer ce noble patronage, et faire l'aumône de sa personne, et non de sa bourse.

Il me souvient d'avoir vu les enfans d'un collége se nommer des juges et se charger du maintien de la justice parmi eux: le tribunal siégeait en plein air, au pied d'un tilleul; la classe de philosophie lui donnait un président, la rhétorique des avocats; chacune des autres classes avait des représentans parmi les juges et les jurés. Ce fut d'abord un exercice purement littéraire; plus tard on reconnut que ce tribunal mettait la justice en pratique. Xénophon et Rousseau racontent quelque chose de pareil des Persans et des Suisses, et l'ancien évêque d'Autun nous conseillait de suivre leur exemple.

(La suite à la Lettre prochaine.)

VERSAILLES. Imprimerie d'ALLOIS,
avenue de St.-Cloud, nº 3.